공공주택으로
난생처음
내집마련

초판 특별 부록

1. 생애주기별 내 집 마련 플랜

2. 향후 5년 공공주택 공급 예정 택지개발지구(수도권)

공공주택 어디서부터 준비하면 될까요?

《공공주택으로 난생처음 내 집 마련》을 통해 공공주택의 개괄적인 내용과 당첨 노하우를 알게 되었다면, 좀 더 현실적인 계획을 짤 수 있도록 특별 부록을 마련하였습니다.

1장 '생애주기별 내 집 마련 플랜'에는 청년 1인 가구, 신혼부부, 일반가정, 고령자 등 생애주기별로 주거 계획을 세우기 위한 로드맵을 구성하였습니다. 미혼 청년이 혼자 사는 집을 구하는 것에서부터 결혼해서 살아갈 신혼집, 그리고 이후 자녀를 낳아 내 집을 마련하기까지 단계별로 어떤 공공주택을 선택하면 좋을지 한눈에 살펴볼 수 있을 것입니다.

또한, 2장 '향후 5년 공공주택 공급 예정 택지개발지구(수도권)'에는 앞으로 5년 이내 공급될 수도권 지역의 택지개발지구 내 분양 정보를 구성하였습니다. 이를 참고하여 본인의 주거 상황을 고려한 내 집 마련을 준비하시길 바랍니다.

　《공공주택으로 난생처음 내 집 마련》을 통해 대한민국 청년과 신혼
부부 그리고 무주택 일반가정 등 모두가 내 집 마련의 꿈을 이루시기
를 기원합니다.

01

생애주기별
내 집 마련 플랜

📍 생애주기별 내 집 마련 플랜

계층		청년계층	신혼부부 계층
대상자		• 대학생 • 취업준비생(재취업준비생) • 업무 경력 5년 이내 사회초년생 • 만 39세 이하 미혼 1인 가구	• 혼인 7년 이내 신혼부부 • 예비 신혼부부 • 만 6세 이하 자녀를 둔 한부모가정
해당 주택	**임대 주택**	• 역세권2030청년주택 • 행복주택(청년계층) • 청년공공지원주택 • 청년매입임대주택 • 재개발임대주택	• 행복주택(신혼부부계층) • 역세권2030청년주택(신혼부부계층) • 국민임대주택(우선공급) • 장기전세주택(우선공급) • 신혼부부매입임대주택
	분양 주택	• 10년 공공임대주택(일반공급) • 공공분양주택(일반공급)	• 신혼희망타운 • 10년 공공임대주택(특별공급) • 공공분양주택(특별공급)
	지원 제도	• 청년전세임대주택 • 장기안심주택(서울시 거주자)	• 신혼부부전세임대주택 • 장기안심주택(서울시 거주자)
신청 자격	**공통**	• 무주택 세대 구성원(공고일 기준)	
	소득	• 행복주택(본인 80%/부모 합산100%) • 청년공공지원주택(120%) • 역세권청년주택(소득기준 없음)	• 행복주택(합산 100%) • 공공분양주택(외벌이 100%/맞벌이 120%) • 신혼희망타운(외벌이 120%/맞벌이 130%)
	자산	• 행복주택(23,200만 원 이하) • 역세권청년주택(23,200만 원 이하)	• 행복주택(28,000만 원 이하) • 공공분양주택(21,550만 원 이하) • 신혼희망타운(29,400만 원 이하)
	자동차	• 행복주택(2,499만 원 이하) • 역세권청년주택(미소유자/미운행자)	• 행복주택(2,499만 원 이하) • 공공분양주택(2,799만 원 이하)
청약통장		• 모든 주택(청약통장기준 없음. 단, 가점 기준에는 적용됨)	• 행복주택(청약통장기준 없음. 단, 가점 기준에는 적용됨) • 공공분양주택/신혼희망타운(6개월 6회)

일반가정 계층 	고령자계층
• 혼인 7년 이상 무주택 일반가정 • 미성년 자녀 3명 이상 가정 • 만 65세 이상 노부모부양자 • 생애 최초 주택 구입자	• 만 65세 이상 고령자
• 국민임대주택(일반공급) • 장기전세주택(일반공급) • 매입임대주택	• 영구/국민임대주택(고령자) • 장기전세주택(고령자) • 행복주택(고령자) • 공공실버주택 • 매입임대주택
• 10년 공공임대주택(일반/특별공급) • 공공분양주택(일반/특별공급)	
• 전세임대주택 • 장기안심주택(서울시 거주자)	
• 무주택 세대 구성원(공고일 기준)	
• 국민임대주택(합산 70%) • 장기전세주택(합산 100%~150%) • 공공분양주택/10년 공공임대주택(합산 100%~120%, 일반공급 60㎡ 초과는 소득 기준 없음)	
• 국민임대주택(28,000만 원 이하) • 장기전세주택(21,550만 원 이하) • 공공분양주택/10년 공공임대주택(21,550만 원 이하, 일반공급 60㎡ 초과는 자산 기준 없음)	
• 행복주택(2,499만 원 이하) • 공공분양주택(2,799만 원 이하)	
• 국민임대(50㎡ 이하 청약통장기준 없음. 단, 가점 기준에는 적용됨) • 장기전세주택(50㎡ 초과 2년 24회 조건 이후 가점 기준에도 적용됨) • 10년 공공임대주택/공공분양주택(2년 24회)	

◉ 청년 내 집 마련 플랜

	임대주택 I	임대주택 II
플랜A	역세권2030청년주택 (최장 8년 거주) →	행복주택(예비 신혼부부) (최장 10년 거주) →
	청년 1인 가구일 때	결혼을 예정할 때
	청년계층 자격으로 신청	예비 신혼부부 자격으로 신청
	청약통장 미사용(계속 납입)	청약통장 미사용(계속 납입)
플랜B	행복주택(청년계층) ➡	행복주택(신혼계층) ➡
플랜C	재개발임대주택(일반계층) ➡	행복주택(청년계층) ➡
플랜D	전세임대주택(청년계층) ➡	행복주택(신혼계층) ➡

분양주택 I	분양주택 II
신혼희망타운(신혼부부) (전매제한 기간 종료 후 매도) →	공공분양주택(일반가정) (보유)
혼인 7년 이내 임신 또는 출산했을 때	신혼부부 기간 이후일 때
신혼부부 자격으로 신청	일반공급 자격으로 신청
청약통장 사용(재가입할 것)	청약통장 사용(배우자)

신혼희망타운(신혼계층)	⇨	공공분양주택(일반계층)
신혼희망타운(신혼계층)	⇨	공공분양주택(일반계층)
행복주택(신혼계층)	⇨	신혼희망타운(신혼계층)

📍 신혼부부 내 집 마련 플랜

임대주택

플랜A
> 행복주택(예비 신혼부부)
> (최장 10년 거주)
> →

결혼을 예정할 때

예비 신혼부부 자격으로 신청

청약통장 미사용(계속 납입)

플랜B | 역세권2030청년주택(신혼계층) ➡

플랜C | 행복주택(신혼계층) ➡

플랜D | 재개발임대주택(일반계층) ➡

플랜E | 전세임대주택(신혼계층) ➡

분양주택 I	분양주택 II

신혼희망타운(신혼부부)
(전매제한 기간 종료 후 매도) → 공공분양주택(일반가정)
(보유)

혼인 7년 이내 임신 또는
출산했을 때 / 신혼부부 기간 이후일 때

신혼부부 자격으로 신청 / 일반공급 자격으로 신청

청약통장 사용(재가입할 것) / 청약통장 사용(배우자)

신혼희망타운(신혼계층)	⇒	공공분양주택(일반계층)
10년 공공임대주택(신혼계층)	⇒	공공분양주택(일반계층)
행복주택(신혼계층)	⇒	신혼희망타운(신혼계층)
행복주택(신혼계층)	⇒	신혼희망타운(신혼계층)

📍 일반가정/고령자 내 집 마련 플랜

임대주택

일반플랜A

장기전세주택(일반계층)
(최장 20년 거주) →

혼인 7년 이후일 때

일반공급 또는 우선공급 자격으로 신청

청약통장 미사용(계속 납입)

일반플랜B

국민임대주택(일반계층) ⇒

일반플랜C

전세임대주택(일반계층) ⇒

고령자플랜A

행복주택(고령자계층) ⇒

고령자플랜B

전세임대주택(일반계층) ⇒

분양주택 I	**분양주택 II**

10년 공공임대주택(일반계층) → 공공분양주택(일반계층)
(최장 10년 임대 거주)   (보유)

10년 임대기간 내 신청   무주택세대를 유지할 때

일반공급 또는
특별공급 자격으로 신청   일반공급 자격으로 신청

청약통장 사용(재가입할 것)   청약통장 사용(배우자)

장기전세주택(일반계층)	⇒	공공분양주택(일반계층)
국민임대주택(일반계층)	⇒	장기전세주택(일반계층)
장기전세주택 (일반/고령자계층)	⇒	공공분양주택(일반계층)
국민임대주택 (일반/고령자계층)	⇒	장기전세주택 (일반/고령자계층)

향후 5년
공공주택 공급 예정
택지개발지구(수도권)

◉ ＜향후 공급예정 택지개발지구＞
서울권_강남 구룡마을

위치 : 서울시 강남구 개포동 567-1 일대
면적 : 266,304㎡
공급 계획 : 총 2,692세대(공공임대 1,107세대)

2020년 착공, 2023년 준공 목표

블록	면적	가구수	구분
F1	60㎡ 이하	695	국민 · 영구임대, 공공분양
M	60㎡ 이하	379	국민 · 영구임대, 공공분양
B2	60㎡ 이하	831	국민 · 영구임대, 공공분양
B3	60㎡ 이하	762	국민임대, 공공분양
F2	60~85㎡	243	일반분양
B1	60~85㎡	501	일반분양

⦿ ⟨향후 공급예정 택지개발지구⟩
서울권_수서역세권

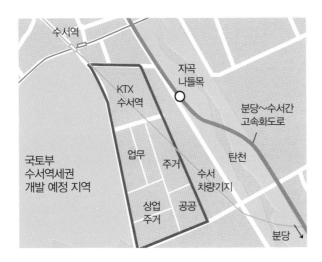

위치 : 서울시 강남구 자곡동 197 일대
면적 : 386,000㎡
공급계획 : 신혼희망타운, 행복주택 1,900여 세대를 포함해 공공주택 2,800여 세대 건설

2018년 착공, 2021년 준공 목표

📍 〈향후 공급예정 택지개발지구〉
서울권_고덕/강일지구

위치 : 서울시 강동구 고덕동 353-14
　　　서울시 강동구 강일동 144답 일원
　　　서울시 강동구 강일동 482답 일원
면적 : 1,660,535㎡
공급계획 : 11,560세대

블록	면적	가구수	구분
1BL	60㎡~85㎡ / 85㎡ 초과	793	일반분양
2BL	60㎡ 이하	844	행복주택 / 국민임대
3BL	60㎡ 이하	870	신혼희망타운
4BL	60㎡ 이하 85㎡ 이하	1,239	국민임대 / 장기전세 / 공공분양
5BL	60~85㎡	809	일반분양
6BL	60㎡~85㎡ / 85㎡ 초과	1,244	국민임대 / 장기전세
7BL	60㎡ 이하 / 85㎡ 이하	1,025	국민임대 / 장기전세
8BL	60㎡ 이하 / 85㎡ 이하	946	국민임대 / 장기전세 / 공공분양
9BL	60㎡ 이하	366	국민임대 / 장기전세
10BL	60㎡~85㎡ / 85㎡ 초과	593	일반분양
11BL	60㎡ 이하	600	행복주택
12BL	60㎡~85㎡ 85㎡ 초과	613	일반분양
13BL	60㎡ 이하	675	국민임대 / 장기전세
14BL	60㎡ 이하	943	행복주택 / 국민임대 / 공공분양

〈향후 공급예정 택지개발지구〉
서울권_송파 성동구치소

위치 : 서울시 송파구 가락동 162 일원
면적 : 58,000㎡
공급 계획 : 1,300세대

⟨향후 공급예정 택지개발지구⟩ 서울권_강남 개포 재건마을

위치 : 서울시 강남구 개포동 1266 일원
면적 : 13,000㎡
공급 계획 : 340세대

📍 〈향후 공급예정 택지개발지구〉
서울권_위례신도시 (북위례)

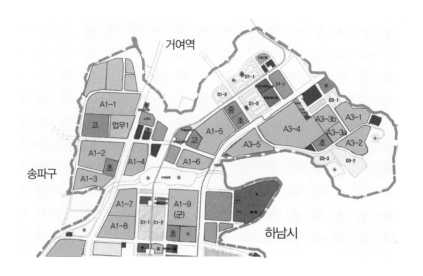

위치 : 서울시 송파구 장지동 거여동 일원
　　　성남시 수정구 창곡동 일원
　　　하남시 학암동 일원
면적 : 6,774,628㎡
공급계획 : 44,786세대

블록	면적	가구수	구분
A3-5	85㎡ 초과	699	일반분양
A3-1	85㎡ 초과	559	일반분양
A3-4a	85㎡ 초과	1,078	일반분양
A3-4b	85㎡ 초과	921	일반분양
A3-2	85㎡ 초과	442	일반분양
A3-10	85㎡ 초과	500	일반분양
A3-3a	60㎡ 이하	446	신혼희망타운
A3-3b	60㎡ 이하	860	행복주택
A1-2	85㎡ 초과	690	일반분양
A1-4	85㎡ 초과	709	일반분양
A1-5	85㎡ 이하	1,297	공공분양
A1-6	85㎡ 초과	502	일반분양
A1-12	85㎡ 이하	394	공공분양
A1-1	85㎡ 이하	1,416	국방부
A1-3	60㎡ 이하	560	임대주택
A1-13	60㎡ 이하	685	임대주택
A1-14	60㎡ 이하	998	행복주택

📍 〈향후 공급예정 택지개발지구〉
경기권_과천 지식정보타운

위치 : 경기도 과천시 갈현동, 문원동 일원
면적 : 1,353,090.4㎡
공급계획 : 3,620세대

블록	면적	가구수	구분
S1	60㎡~85㎡	435	일반분양
S2	60㎡ 이하	783	일반분양
S3	60㎡이하 / 60㎡~85㎡	476	공공분양
S4	60㎡~85㎡ / 85㎡ 초과	679	일반분양
S5	60㎡~85㎡ / 85㎡ 초과	584	일반분양
S6	60㎡~85㎡ / 85㎡ 초과	504	일반분양
S7	60㎡ 이하	542	신혼희망타운
S8	60㎡~85㎡	608	일반분양
S9	60㎡ 이하	647	공공분양
S10	60㎡ 이하	612	국민/영구임대
S11	60㎡ 이하	846	행복주택
S12	60㎡ 이하	1,467	행복주택

📍 〈향후 공급예정 택지개발지구〉
경기권_과천 주암지구

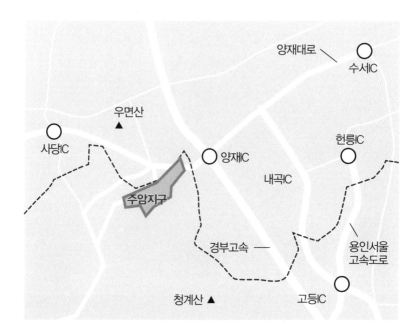

위치 : 과천시 과천동, 주암동, 막계동 일원
면적 : 1,555,496㎡
공급 계획 : 7,100세대

2021년 착공, 2025년 준공 목표

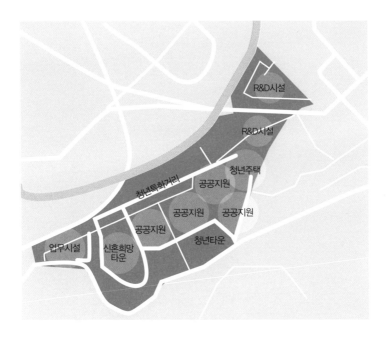

〈향후 공급예정 택지개발지구〉
경기권_성남 고등지구

위치 : 성남시 수정구 고등동, 시흥동 일원
면적 : 569,201㎡
공급 계획 : 4,092세대

블록	면적	가구수	구분
A1	60㎡ 이하	1,521	국민임대, 행복주택
S1	60~85㎡ 이하	590	민간분양
S2	60~85㎡ 이하	823	민간분양
S3	60㎡ 이하	622	공공분양/10년 임대
C1	60~85㎡ 이하	141	민간분양
C2	60~85㎡ 이하	141	민간분양
C3	60~85㎡ 이하	98	민간분양

📍 〈향후 공급예정 택지개발지구〉
경기권_고양지축지구

위치 : 경기도 고양시 덕양구 지축동 일원
면적 : 1,182,937㎡
공급 계획 : 총 8,955세대(공공주택 4,531세대)

블록	면적	가구수	구분
S1	60㎡ 이하	1,383	국민임대, 영구임대
A1		750	신혼희망타운
A2		593	신혼희망타운
A3		890	행복주택
B1	60~85㎡ 이하	951	10년 공공임대
B2		1,103	일반분양
B3		549	일반분양
B4		852	일반분양
B5		343	일반분양
B6		732	일반분양
B7		539	일반분양
단독	306필지	1,836	이주자택지 포함